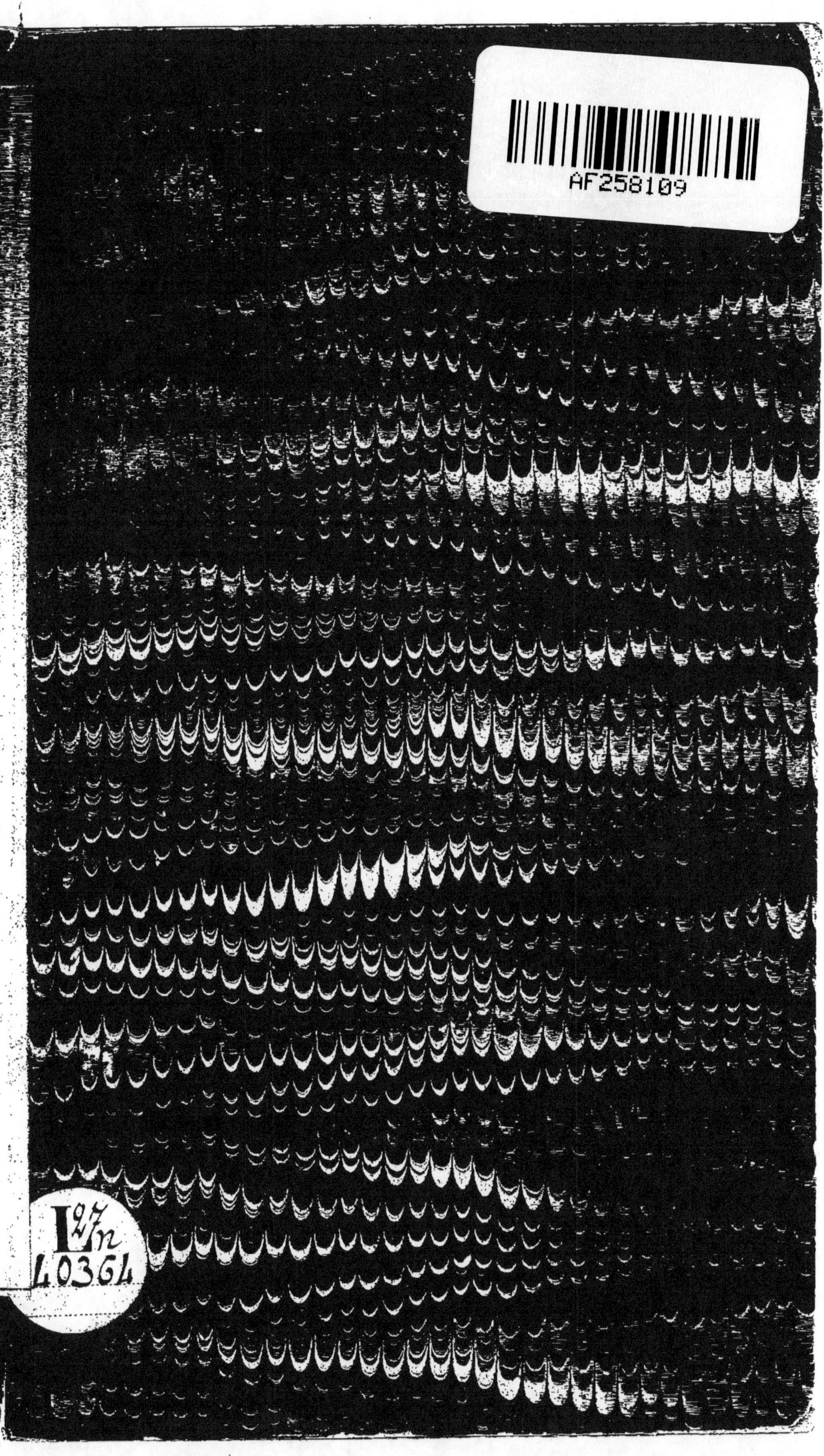

RÉPLIQUE

à la Réponse

DE

M. GRUAU DE LA BARRE,

PAR

J. G. DE DOMPIERRE DE CHAUFEPIÉ.

AMSTERDAM. — OCTOBRE 1869.

AMSTERDAM,

L. VAN BAKKENES & C°.

1869.

A MES AIEUX.

R. I. P.

—————

Esprits, recueillis au sein de l'Eternelle Justice, de la Suprême Bonté, de la Miséricorde Infinie.... Ames chères et vivantes....

Quel qu'aît été l'objet de votre adoration spirituelle — soit la contemplation naïve, fervente, sincère, chevaleresque de cet âge où l'image divine se refléta dans les cœurs des humains, si visiblement, si doucement nuancée, si religieusement rendue, — soit la contemplation de la lettre, non moins sincère, mais dominant souvent l'âme par l'interprétation subtile, par les mal-entendus — se manifestant trop souvent de part et d'autre par des provocations trop prononcées — de sorte que la religion Chrétienne faillît ne plus être la base salutaire de l'existence humaine-spirituelle : l'invocation du nom de Dieu sur le nouveau-né, la consécration intime du contrat de l'union des sexes, la consolation suprême du mourant au terme de la voie, où s'achèvent les douleurs humaines sous le souffle puissant de l'Eternité,

Vous tous, vous avez reconnu que la loyauté et la fidélité patriotique est la base du bien-être social, sanctifiée par la Religion Chrétienne.

Vous tous, vous avez voulu rendre obédience au principe politique que le Christ a nettement défini, interpellé par des intentions malveillantes.

Vous tous, vous avez rendu gloire à Dieu, en vous conformant au grand devoir de la Société Chrétienne.

A Vous tous, je dédie avec une conviction sans bornes, le présent écrit; car il s'agit pour moi de loyauté et de fidélité sous un double point de vue, que vous avez créé, mais entre lequel Votre loyauté et Votre fidélité, mon plus précieux héritage, — aussi vierge que notre d'argent, aussi serein que notre d'azur, aussi glorieux que notre chef, mais *moins altier* que *notre légende* — rendra *une collision impossible*.

AU LECTEUR.

Ceque vous avez lu et ceque vous allez lire en est la preuve.

J. G. DE DOMPIERRE DE CHAUFEPIÉ.

Je reprends la plume .... je la retrempe dans ce liquide, qui noircit et que souvent l'imposture, les désirs inqualifiables, la calomnie et *la bêtise* rend plus noir encore, plus noir même que ces sombres domaines, que le Dante, mon guide, mon maître austère a révélés à mon âme et où avec lui, j'ai contemplé le „monstrum horrendum: la fourbe. Retourné dans le domaine du „19ᵉ siècle" après m'être scrupuleusement assuré que l'image était conforme, je l'ai reproduite, sur la première page de ma Réflexion, me servant des traits de flamme que le *Dante* seul possède.

Vous, l'auteur de „ce 19ᵉ siècle" vous avez *reconnu* et dans un langage *très moderne* vous vous êtes écrié „il senso lor m'è duro" „le sens de ces mots m'est amer," en y ajoutant de vains efforts pour m'engager à partager votre *légitime effroi*.

Il m'est impossible d'acquiescer à votre demande: Pourquoi?

Parceque la Béatrice, la „Donna beata" „la Sainte bienheureuse" m'a dicté sa loi et je vous engage, à mon tour, à vous souvenir du terme de *cette* loi.

La voici :

Da che tu voi saper cotanto addentro,
Dirotti brevemente, mi rispose,
Perch' io non temo di venir quá entro.

Temer si dee di sole quelle cose,
Ch' hanno potenza di far altrui male:
Dell' altre no, chè non son paurose.

I' son fatte da Dio, sua mercè, tale,
Che *la* VOSTRA *miseria* non mi tange,
NÈ FIAMMA D' ESTÓ 'NCENDIO NON M' ASSALE.

Donna è gentil nel Ciel, *che si compiange*
Di questo 'mpedimento, 'ov io ti mando,
SI CHE DURO GIUDECIO LASSÙ FRANGE.

— „Eh bien, en peu de mots, puisqu'il faut te l'apprendre,
Dit-elle, tu sauras *pourquoi j'ai pu descendre*
Dans ces lieux ténébreux où j'entre sans frayeur.

Pour qui s'expose au mal, il est permis de craindre ;
Mais lorsque nul danger ne pourrait nous atteindre,
Pourquoi s'embarrasser d'une vaine terreur ?

Telle me fit de Dieu la faveur adorable,
Qu'à toutes vos *douleurs* je suis invulnérable.
JE MARCHE PARMI VOUS, INSENSIBLE À CE FEU.

Une vierge est au Ciel, clémente et *qui s'alarme*
Des maux où je t'envoie et souvent d'une larme
BRISE UN DÉCRET SÉVÈRE ENTRE LES MAINS DE DIEU.

* * *

La politesse exige que je vous remercie cordialement
de la mention honorable, dont vous *m'avez honoré,*

7

„il n'est pas mon admirateur, ni un croyant à Louis
XVII, *survivant à sa prison du Temple.*"

Je la préfère à tout *prix Monthion* et aux *couron-
nes civiques.*

Quant à la *cause*, à laquelle vous vous êtes voué à
quoi bon en parler encore : ma Réflexion *et* votre
Réponse M'EN DISPENSENT, car vous avez substitué dans
cette réponse ma personne à votre cause, ce dont, selon
vous, *il s'agissait.*

Vous avez reproduit et de quelle manière! ce que j'ai
écrit, mais vous n'avez rien lu, évidemment rien voulu
lire voire comprendre.

Mais cela ne m'étonne nullement, cela me cause, ce qui
plus est une joie aussi juste que sincère, car précisément
par la manière dont vous avez **métamorphosé** ma Réflexion — sauf l'Epilogue sur lequel vous basez un enseignement divin (quousque tandem !) — **par le man-
que total de réfutation** — sauf une ombre de réfutation
à la „Réflexion" — par les exclamations qui font pen-
ser à des cris fauves, et — je le répète — qui
sous basées sur *ma Reflexion* TRONQUÉE, MUTILEÉ, TRA-
VESTIE EN ENCYCLOPÉDIE, SOIT DE MOTS — se succédant
sans rime ni raison. (Réponse p. 7. Cf. Réfl. Néerl.
p. 9.) soit de PHRASES, liées entr'elles *avec omission
préméditée* (Réponse p. 6 in fine. Cf. Réfl. Néerl. p. 11
& 12) — vous, vous seul vous êtes la cause immédiate que
même les gens de bonne foi, mais à l'oeil *vague* et à
l'esprit *superficiel*, qui peut-être s'étaient laissés entrainer
— se détourneront de la cause du 19ᶜ siècle en

imitant l'illustre exemple „du général Charette *avec deux de ses amis.*"

Vous parlez d'un réquisitoire et m'accordez l'honneur insigne d'avoir „lancé un réquisitoire", — vous êtes trop généreux cette fois, vous en avez lancé un meilleur, vous avez *répondu* et cette réponse, c'est le couronnement de votre édifice du 19*e* siècle, dont l'injustice et la bêtise sont les maîtres-maçons.

J'ai dit que j'étais content et satisfait de votre réponse. Cependant, il faut me confesser, à ce contentement, à cette satisfaction vient se joindre une tristesse navrante une compassion réelle, une commisération indécible.

A cause de quoi?...

A cause du veillard de 74 ans, à cause de celui, qui est bien près de la tombe, à cause de vous et encore de ceux qui ont **abusé** de la jeunesse de *votre* Martyr Royal, car vous tous, vous aurez à répondre au delà.... et cette réponse ne saurait être insignifiante, hau taine et *nulle*, comme celle que vous avez faite, de votre vivant, dans l'an de grâce 1869.

La charité Chrétienne, l'amour du prochain me commande d'implorer pour vous, malgré votre cause, ce Roi couronné d'Épines dont le doux Royaume *n'est pas de ce monde,* pour qu'Il intercède avant que vienne la nuit, dans laquelle Judas s'est précipité du *Temple* des Juifs, dans la vallée sombre !

Car lui aussi, il trahit son Maître, son Roi. Il faisait nuit alors.

9

La cause de la royauté de *Breda*, elle est jugée, même par M. de la Barre, car il a *répondu!*

Res iudicata?...

Elle s'est rendue justice suprême en se scellant du sceau du désespoir de l'inpuissance.

Justice de Dieu! ton triomphe est proclamé même par tes adversaires!

Justice humaine seras-tu digne du divin principe dont tu dérives? — et de la conscience, de la loyauté des Nations dont tu est le seul appui et le respectable Garant?

I. M. Chaufepié croirait que j'ai peur de lui. A propos de quoi? Je n'en sais rien.

II. Qu'est-ce donc que M. de Dompierre de Chaufepié? La question que je m'adresse est toute naturelle. Je ne le connais pas. Voilà la première fois que son nom frappe mes oreilles; et il m'attaque.... (Réponse p. 8).

I. „M. Chaufepié croirait que j'ai peur de lui. A „propos de quoi? Je n'en sais rien."

A propos de la puissance des *faits in confesso;* logiques, exposés avec modération et impartialité dans l'Introduction de la Réflexion, faits constituant pour M. de la Barre une mise en accusation surtout *morale,* [1] irrécusable, terrible et foudroyante, signalés par moi, jeune-homme de 26 ans.

------

1) Sauf toujours, ce qui, le cas partagé, appartient à la compétence de l'Instruction criminelle Néerlandaise.

Faits, constituant un supplément à l'acte de décès du Dauphin, fils de Louis XVI, Roi de France et de Marie Antoinette, archiduchesse d'Autriche — lequel acte de décès avec d'autres pièces authentiques-historiques a été publié par M. de Beauchesne.

Comme M. de Beauchesne a prouvé le décès et l'enterrement du seul et véritable Dauphin, — se basant sur l'histoire de France et ses *documents*, — le jeune homme de 26 ans, le nouveau *„* mystère" de M. de la Barre a fourni la contre-preuve, en dévoilant le mensonge et l'impossibilité réelle et morale du contraire, se basant sur le *document* de *Breda*.

En d'autres termes, j'ai *contresigné* l'histoire, — laissant à M. de la Barre — à l'Abrégé *authentique* le triste honneur de m'avoir fourni *le document néces-saire et* SUFFISANT [1]).

Je comprends que M. de la Barre regrette le résultat obtenu, étant tout autre que le résultat *désiré*.

C'est pourquoi, M. de la Barre est frustré et m'adresse toutes ces étranges questions, *„*aussi étranges qu'inconcevables, DEVANT LES (2) FAITS [2]), qui les démentent."

On comprendra pourquoi M. de la Barre *a peur*.

---

1) Voyez „Introduction" de la Réflexion Néerlandaise. — Je remercie M. de la Barre de vouloir me fournir *encore* de „*nouveaux matériaux* à insérer dans mon *honorable* dénonciation." — Ça ne servirait qu'à provoquer „un débordement de bile" INUTILE et SUPERFLU. TRES faciunt JUDICIUM! J'aime à *m'incliner avec vous* ET VOTRE ROI devant ce jeune héros, „*vêtu d'un uniforme*" QUI NE M'EST PAS INCONNU. p. 49. du „Royal Martyr".

2) 1. Le voyage à Varennes   } Royal Martyr,
   2. L'apothéose de la Vendée   { p. 27, 28, 29 & 49.

L'édifice de *sa* cause s'est écroulé.

A l'âge de 74 ans il ne faut pas commencer à croire à *l'infailibilité* et à *l'inviolabilité du mensonge*.

Voilà la réponse *toute naturelle* que je donne à M. de la Barre.

A lui de dire que c'est un droit d'insolence que de *démasquer*.

A moi de bénir le bon Dieu qui se sert quelquefois des enfants et des Vierges, pour proclamer le règne victorieux DE LA VÉRITÉ HISTORIQUE, que, je le répète, M de Beauchesne avait déjà proclamée.

Les gens de *bonne foi, quel que soit leur nom* s'empresseront à s'associer au *mystère* de la Réponse (p. 8), et se détourneront de toute vérité dont M. de la Barre juge „*le succès* utile à *l'enseignement* de l'homme." Réponse : p. 16.

La vérité du „Royal Martyr" et de la „Réponse à la Réflexion Néerlandaise" n'engagera ni la Néerlande, ni la France ni quelque nation, tribu, ou individu à s'occuper des *enseignements* dont *il* juge le succès utile.

Je respecte trop le bon Dieu pour transcrire la fin de cette *phrase*, laquelle constitue une véritable „mauvaise plaisanserie" que *ma* plume, *mon* esprit, *mon* coeur ne me permettent pas de transcrire.

Je m'incline devant Dieu.

A. M. de la Barre de s'écrier „le saint homme!"

Ni devant Dieu, ni devant les hommes, l'auteur de la Souveraine mauvaise plaisanterie ne se justifiera par des exclamations „sans rime ni raison."

———

M. de la Barre n'a pas peur de M. Chaufepié.
Du tout.

Il a peur du *fait* dont *lui il est l'auteur, l'éditeur* et L'INSTRUMENT RESPONSABLE.

Cela prouve que tout bon sentiment n'est pas extirpé de son coeur.

Ce qui plus est, il cherche un *refuge* dans l'expédient, qu'il soulève à la p. 9.

C'est là pour la première fois, dans sa Réponse, que je découvre une *ombre de défense.*

C'est un droit *légitime*, vraiment légitime, qui lui appartient, et que je respecte mais son *moyen* de défense — je commence par le dire — est nul (nul en van geener waarde).

Il s'agit de ma „Réflexion" dans laquelle j'ai exposé la nécessité d'une intervention du Gouvernement Néerlandais. Voyez p. 10—12.

Voilà M. de la Barre, qui a peur, car, quoique j'aie démontré l'urgence de l'application du droit Souverain de l'Etat, je me suis modestement abstenu de préscrire au Gouvernement du Roi, COMMENT (QUO MODO), il pourrait l'exercer.

M. de la Barre voyant le glaive de la Justice suspendu a l'obligeance de faire remarquer que le Gouvernement Néerlandais ne saurait lui interdire de profiter de la liberté de la presse, „parce que je traite un sujet qui choque M. Chaufepié. Ce droit inviolable m'appartient comme à lui."

Irrespectueuse demande! (voir Réponse p. 9). Supposition insidieuse que „le Gouvernement va sortir des voies constitutionnelles"!

Sur quoi *basez*-vous tout cela M. de la Barre?

M. de la Barre a cette fois-ci une bonhommie charmante.

Comment (quo modo) le Gouvernement exercera, le cas échéant „son droit de conservation,” personne n'ena parlé, que je sais. Du moins l'auteur de la Réflexion n'a pas émis une pensée, un *seul* mot, qui anticiperait à la *liberté constitutionelle*, base salutaire, norme d'une démarche éventuelle du Gouvernement.

Ne parlons plus de la bonhommie de M. de la Barre. Il n'a pas lu ce qui plus est pas voulu lire la „Réflexion” qui signale un fait, rentrant dans le domaine du droit des gens.

Et pourtant — oh! il n'est pas stupide, la p. 17 explique le mystère de son insinuation; il a très bien compris, il sait très bien que „ce crime n'est prévu *par aucune loi dans aucun Gouvernement.*”

Cette phrase est *irréprochable* et en harmonie avec ma Réflexion p. 10—12.

Il faut cependant pour les *mal-inspirés* que je me permette d'ajouter un seul petit mot à cette phrase.

„Ce crime n'est prévu par aucune loi *écrite.*” (Voilà entre parenthèses le fin mot que j'ai compris (voir Introduction) que causait une *sainte* joye à l'auteur du Royal Martyr).

— Par aucune loi écrite. —

Ainsi M. de la Barre serait dans le vrai, *s'il était admissible* que l'auteur du „Royal Martyr” et de la „Réponse” reconnait et respecte *la loi non écrite, base essentielle et reconnue du droit des gens.*

Voilà le *fin mot!* M. de la Barre — oh! il n'est pas

bête — *sait* très bien qu'il ne s'agit pas, IN CASU (p. 10—12 de la Réflexion Néerlandaise) de la loi écrite, décrétée et promulguée.

Il *sait* très bien qu'il s'agit de la loi de souveraine justice, qui protège l'Etat et son indépendance, de cette loi dans laquelle *chaque* cas, portant atteinte à l'Etat à sa Souveraineté intérieure, au *prestige indivisible* peut-créer *chaque fois* un nouvel Article, toujours conforme au principe de justice, à *l'Etat* et aux libertés VÉRITA-BLEMENT *garanties par Lui.*

Je m'arrête ici, car — je ne suis pas *si* bête que M. de la Barre voudrait bien le faire croire aux gens; car je ne veux pas rédiger — M. de la Barre en sera frustré — soit! — cet Article; en d'autres termes: ce n'est pas moi qui dirai au gouvernement du Roi: Tel ou tel article sera applicable à l'audace inouie de l'homme aux publications officielles. Un bon citoyen (style du 19e siècle) *doit* avertir l'Etat mais il *n'a pas le droit* de lui imposer les démarches éventuelles.

Ce serait — surtout lorsqu'il s'agit de l'application d'un principe, — d'une loi non-écrite — une bêtise, une fierté inouie et illégitime; ce serait dire à l'Etat: „Ote-toi de là pour que je m'y mette."

Ce serait une publication officielle *attentée* — non-consommée, non décrétée.

Ce serait une bêtise, mais *moins sérieuse*, que la bêtise, l'outrecuidance de la royauté de Breda.

Sache encore M. de la Barre que peut-être *très heureusement* ce crime contre l'Etat n'est pas prévu par aucune loi dans aucun gouvernement, en d'autres termes que l'Etat, chaque Etat a le droit absolu, en vertu du droit des gens, de *se conserver*, en réprimant *les excès* des *sujets* SE CROYANT *Souverains*.

Ce droit inviolable Lui appartient, à Lui seul!

A. M. de la Barre la liberté illimitée — sauf responsabilité légale — de se prévaloir de la liberté de la presse.

A l'Etat Néerlandais la liberté de se prévaloir de son droit Souverain, dès qu'une forme officielle (Voir *"Réflexion"* p. 10, 11 et la 1ᵉ note) une intention officielle, (2ᵐᵉ note) qui lui sont *étrangères*, Le mettrait sous *la presse*.

Vous comprenez, M. de la Barre? *Suum cuique*:

A. M. de la Barre d'opérer des miracles (du 19ᵉ siècle), de ressusciter un mort, à cette condition qu'il ne s'imagine pas que la Hollande vueille, à tort et à travers, rendre hommage au ressuscité et métamorphoser, dans son intérêt, l'ancienne baronie de Breda en Royaume de Crossen.

Ce serait une belle exploitation très ingénieuse de *son* point de vue, mais tant soit peu périclitante pour le Royaume Néerlandais.

Il faudrait, en tout cas, premièrement une révision de la Constitution Néerlandaise. Je conseille à M. de la Barre de se servir de la presse *à cette fin*, si bon lui semble — pour toucher les *coeurs* et *les esprits*.

Seront-ils *plus Néerlandais* que moi?

J'en doute, et jamais dans ces 26 ans, je n'ai encore tant douté.

Ce serait le seul moyen bizarre mais légitime, à mon

avis, de *tâcher* „ de faire parvenir l'apostolat depuis 1836 à une conclusion conforme au plus ardent de ses voeux". (Réponse p. 10).

II. „Qu'-est-ce donc que M. de Dompierre de Chau-„fepié? La question que je m'adresse est toute natu-„relle. Je ne le connais pas. Voilà la première fois que „son nom frappe mes oreilles; et il m'attaque (p. 8.) „C'est un ENNEMI (p. 13.)

Pour le procureur de LA MAUVAISE CAUSE POLITIQUE-CIVILE, la question est sans doute naturelle.

Pour lui il ne s'agit pas des *faits* (DU fait), mais des personnes.

Pourvu que, la personne soit stupidement ridiculisée, chauffée, pourvu qu'on LUI donne un coup de pied **d'âne**, la cause est gagnée.... Les Juges? le Juge? peu importe.... cependant nous l'avons vu — ces Juges sévères peutêtre.... il en a un débordement de frayeur de presse!.... c'est un fantôme importun qu'il s'efforce de chasser en s'écriant: „ La presse, la presse, la liberté de presse est en danger! — J'ai répondu *votre* cause est *en danger*, et grâces à Dieu, la liberté — de presse prétendue s'évanouit devant la liberté de l'État.

Mais... „ qu'est ce que donc que M. de Dompierre de Chaufepié?

Je n'ai pas demandé à M. de la Barre:

Qu'est-ce que donc que M. de la Barre??

Qu'est-ce que donc que feu M. Naundorff?

Qu'est-ce que donc que cette jeune fille?

J'ai examiné et flétri les *faits* et j'ai gagné ma cause de par véritable déni *d'impuissance*... victoire morale éminente, que — sache tout le monde, — M. de la Barre, m'a assurée.

C'est une *ratification à tous visible de la cause notoirement mauvaise déjà existante.*

Mais „qu'est-ce que donc que M. de Dompierre de Chaufepié?

Je pourrais lui répondre: „Mon vénérable *ami, de par les cheveux blancs,* toute discussion, toute réponse étrangère à la cause est superflue. — Je ne satisferai pas à *votre* curiosité *simulée....* (Je retracte ce dernier mot car je ne connais pas ce M. Gruau de la Barre....)

— Mais....

— Soyez tranquille.

Puisque *vous* avez rapproché MON NOM de la Réflexion NÉERLANDAISE et dit que JE froissais les sentiments ÉLEVÉS de la noble Nation Néerlandaise qui s'est toujours montrée admirable exemplaire parmi les peuples — on [1]) me demande pourquoi? — n'étant pas Néerlandais, „ni par le nom, ni par l'esprit, ni par le coeur" Réponse p. 9 — à cause de tout cela une explication ultérieure, à mon avis, est devenue nécessaire, parce que *votre* allégation pourrait jeter sur des esprits soit mal inspirés soit tant soit peu bêtes, une ombre de doute sur la SINCÉRITÉ de MA démarche à l'égard de VOTRE cause car quelquefois il n'est que trop vrai, qu'une cause est

1) Qui?

mauvaise, mais que la sincérité de l'opposant laisse aussi bien quelque chose à désirer.

———

Sachent tous que je ne m'étendrai pas davantage sur *mon nom* que pour autant qu'il est absolument nécessaire en *rapport avec la cause que j'ai défendue et que j'ai gagnée*, en d'autres termes en rapport avec la Réflexion *Néerlandaise* (Introduction et Réflexion).

Mon nom est *Français*. C'est vrai! J'en suis glorieux! Je ne m'étendrai pas sur les privilèges, — sacrés par Dieu, par les âges, par l'authenticité et par la notoriété des régistres de France — qui s'y sont ostensiblement rattachés jusqu'à l'époque de 1685—1723.

Pourquoi?

1⁰. Parce que le nom et l'honneur de ma famille sont trop élevés pour m'expliquer devant un monsieur qui m'est inconnu s'appelant Gruau de la Barre.

2⁰. Parce que *je* respecte trop la Souveraineté Néerlandaise et parce que je respecte trop mes aïeux, pour exposer devant Elle des privilèges de famille, incohérents, inséparablement unis à l'Etat Français, dont la Souveraineté depuis l'an 1723 n'est plus la nôtre, puisque nous résidons en Hollande.

Encore de nos jours le droit de noblesse émane de la Souveraineté de l'Etat, qui l'a accordé ou sanctionné.

Aussi, mes Aïeux, en Hollande, ne se sont jamais servis de leurs titres.

Ils ont bien agi, ils se sont *inclinés* devant la Souveraineté de la patrie *adoptive*. Ils ont bien mérité de cette patrie par cette seule action.

Se souvenant toujours de la *patrie primitive*, action non-moins digne et noble.

Gloire à mes Ayeux!

L'abstention vaut quelquefois plus que la couronne civique *risible*.

Après cette introduction moitié positive, moitié *évasive*, je reviens à ce qui est positif.

Je répète: mon nom est *Français!* j'en suis glorieux, cequi plus est: vive la France, de mes ayeux!

Je ne les renie pas.

Jamais. —

Plutôt verrait on l'Arno confluer avec l'Amstel, les cendres du Seigneur Souverain de Faënza, Manfredi [Astorre I] maudire le jour qui „post celebratum divinum sacrificium missae sub sacrâmto matrônii *benédo*[1]) copulavi(t)" le premier de nos Ancêtres dont les nom, titre et qualité me sont conservés et la fille du dit Manfredi *et Toulouse ressusciter son auguste Parlement pour me condamner.*

Mais, me trouvant en Hollande, *je suis et je serai fidèle à Elle,* — *suivant les traces de mes aïeux, je ne reconnaîtrai d'autre Souveraineté que la Sienne.*

Ce qui plus est, comme mes ayeux j'ai à observer un droit un privilège, que Toi, Etat glorieux, tu nous as *accordé: un droit d'hospitalité....*

C'est ici la tente Arabe, qui nous a abrités — je le reconnais, les ingrats sont les damnés. —

---

1) Benedicendo.

Figurez-vous le voyageur en Orient, abrité sous la tente hospitalière, après avoir reçu de la main de l'hôtesse le sel, le symbole sacré de l'hospitalité acceptée, la nuit la livrer à ses passions *ou* à des passions d'autres.

Dans le premier cas, il serait maudit.

Dans le second, lâche et traître, — et dans ce cas je me trouve.

Si le dernier sentiment de *fidélité* n'est pas éteint dans son âme, — il la réveillera.

Cet homme c'est moi.

Je te réveille? Etat immortel! mais accessible aux surprises des mauvaises passions. — Non, — je fais mieux; je pousse un cri de hárro: *Ne va pas t'endormir!* Réfléchissez néerlandais! Ma réflexion est néerlandaise!....

Et à ce cri, M. de la Barre, *l'ennemi* à la porte, le loup de la fable et de la réalité de rugir:

Qu'est-ce donc que M. de Dompierre de Chaufepié?

Gouvernement du Roi, Représentants, nobles et puissants Seigneurs — Etat *indivisible* ... j'attends Ton jugement avec cette sérénité qu'inspire la bonne cause, qui est la vôtre.

Vive l'Etat Néerlandais !

Une navrante et indécible douleur ô Dieu tout-puissant, s'empare de ma pauvre existence et se mêle à mon cri de triomphe, à ce cri aussi juste que sincère, quand ma pensée, quittant notre patrie actuelle, mère tendre, heureuse et bénie, se transporte vers d'autres lieux chers à mes affections traditionelles, à mon patriotisme inné ;

d' où le symbole sacré de l'indépendance, de la liberté, du bonheur séculaire est exilé.

. . . .

Je ne m'étendrai par sur ce *fait* et sur ses conséquences, parceque la Souveraineté Néerlandaise défend à ma conscience de juger une Souveraineté *qui lui est étrangère* et qui n'est plus la mienne.

Je ne me suis pas plaint du fait étranger à la Souveraineté de notre patrie adoptive.

Je me suis plaint de ce qui se passa, bien certainement à l'insu de cette Souveraineté, mais par des individus, résidant dans ce Royaume.

Je me suis plaint, en termes *précis, non-évasifs* d'un *fait*, d'une allégation calomnieuse. Je n'ai pas évoqué l'office de la Justice Néerlandaise. J'ai dit qu'une absence la condamne à l'inertie : Lex dura sed ita scripta.

Mais j'ai appelé sur ce fait le verdict de la conscience outragée d'une Nation sevrée de bonne foi.

La Justice est incompétente : il s'agit d'un *Absent* odieusement *lésé*, dont l'honneur, les Armes, les souvenirs les plus chers sont livrés *an* LÂCHE *bon plaisir d'une royauté inqualifiable.*

J'ai signalé cet EXCÈS d'outrage — parce que je sais que la Hollande est juste envers tous et en premier lieu envers toute race infortunée, surtout lorsqu'on *voudrait* la rendre victime encore d'une mauvaise foi, d'une cupidité dont le coeur humain a enfanté, dans *«* le 19e siecle" *l'avorton le plus monstrueux.*

Sache du reste M. de la Barre que feu le Comte de Provence et l'auguste Lignée de son Frère, ce Roi

à tous égards Modèle de la Royauté Française-Consti-
tutionelle, aux vues larges et pour tous bienfaisantes —
ainsi que feu Madame la Duchesse d'Angoulême, la sainte
Orpheline, N'ONT PAS BESOIN DE MA PROTECTION.

Défendre des infortunes c'est un *devoir* Néerlandais
Français; — Anglais, — devoir que la famille Perceval
d'Angleterre et M. de la Barre mettent aussi en pratique,
MAIS l'une *dans quel but?* et l'autre *par quels moyens!!!!*....
C'est un devoir Européen. C'est un devoir, enfin, pour
tout coeur qui n'est pas piqué du Serpent, rempli de
venin, comme M. de la Barre traduit très bien le Dante.
Il nous a compris l'illustre Florentin, le maître et le
plus humble, le plus indigne de ses disciples.

ENFANTILLAGES.

Quelques demandes *bizarres* adresserai-je encore à M.
de la Barre.

Il s'écrie (Réponse p. 14): „Hors de là nous n'avons
„rien à faire avec la politique: il ne s'agit pour nous
„que d'une question de droit civil." [1])

Après toutes ces illustrations, allures et affirmations
Souveraines Crossénaises, — j'ai *l'insolence* d'y rattacher la
question suivante que me suggère *l'histoire* du *Chaperon
rouge.*

1) Il y a 4 ans: „Néerlandais.... la considération.... de
hauts fonctionnaires publics et d'autorités supérieures.... m'a appris
QUE CHEZ VOUS L'ON SAVAIT RESPECTER LES INFORTUNES POLI-
TIQUES p. 12 de la même „Réponse"!!

Au moment que le loup invita gracieusement la jeune-fille de partager son lit; avait-il alors l'intention de croquer PREMIÈREMENT la tête ou bien le corps de la jeune fille ?....

M. de la Barre nous obligera infiniment, en nous envoyant un communiqué — *pourvu qu'il s'abstienne de le revêtir d'un caractère officiel.*

Ce sera un appendice *historique* très intéressant *au conte de fée.*

Puis-cela causera beaucoup, plus d'amusement aux enfants et aux jeunes filles que les historiettes de Crossen.

Autre question. —

En réponse à mon „épilogue" M. de la Barre soulève avec beaucoup d'édification une question théologique p. 14; — ce dont je lui sais gré.

Je lui conseille de faire en Décembre un pélérinage à Rome et de soumettre au concile la question suivante :

Si c'est Dieu ou bien le diable *qui envoit les souffrances à la royauté de Crossen ?*

M. de la Barre y rencontrera Mgr. Dupanloup, qui probablement sera de mon avis, en lui disant que c'est „ le Mauvais-Plaisant."

Et si la Sainte Assemblée daigne partager cet avis; cette décision sera *infaillible*, sans qu'âme qui vive Lui objecte qu'Elle empiéte sur le TEMPOREL.

ULTIMA VERBA.

M. de la Barre s'exprime de la manière suivante:

p. 8 „Cependant, je ne puis garder le silence de-
„vant L'ÉTRANGE RÉQUISITOIRE LANCÉ CONTRE
„MOI.

cf p. 17 „Que M. Chaufepié suive donc à sa guise
„*sa ligne de conduite, nous n'en prenons point
„de souci.''

Ma conscience m'impose le devoir de faire observer
à M. de la Barre, qu'à la présente ÉTRANGE RÉPLI-
QUE, de par *droit de défense* (lequel aussi, à mon
avis, peut être invoqué devant le Tribunal de la **bonne
foi publique**) une DUPLIQUE LUI RESTE RÉSERVÉE et qu'a-
près cette duplique (à mon avis) LES DÉBATS SONT CLOS:
Eadem ratio, eadem lex.

La *presse* et „la parole hostile'' lui accorde *tous* les
privilèges et une *liberté* équitablement *illimitée*. —

CHAUFEPIÉ.

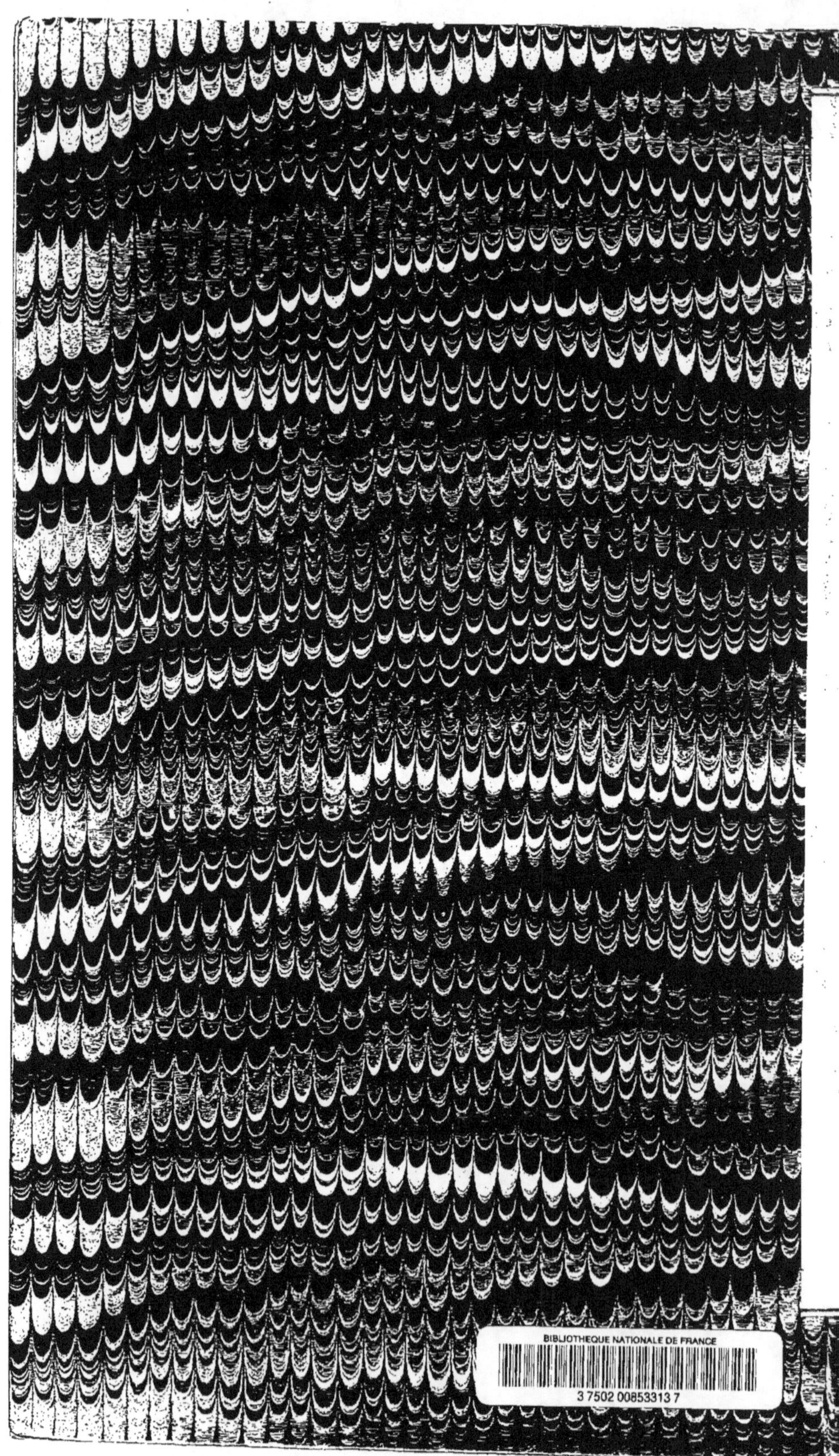